19 decembre 1912 PN

Collection de M. M***

TABLEAUX

MODERNES

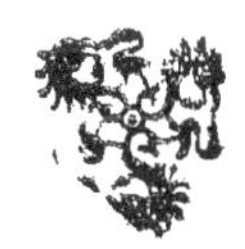

Collection de M. M***

TABLEAUX MODERNES

CONDITIONS DE LA VENTE

Elle sera faite au comptant.

Les adjudicataires payeront *dix pour cent* en sus des enchères.

Paris. — Imp. Georges Petit, 12, rue Godot-de-Mauroi. — 22627-12

CATALOGUE

DES

TABLEAUX

MODERNES

PAR

ANASTASI, BAKALOWICZ, BEAUQUESNE, BREST (F.), BRISSOT
COCK (CÉSAR DE), COROT, COURBET
DEFAUX, DELPY, DIAZ (N.), FRANÇAIS, GOUPIL (L.), GUILLAUMET
HANOTEAU, ISABEY (E.), JACQUE (CH.), JAPY
LAMBINET, LUMINAIS, PÉCRUS, PELOUSE, PERRET (AIMÉ), RAFFET
RICHET (L.), TROUILLEBERT
VAN MARKE, VEYRASSAT, VINCELET, WATELIN, ETC.

Composant la

Collection de M. M***

ET DONT LA VENTE AUX ENCHÈRES PUBLIQUES AURA LIEU

HOTEL DROUOT, Salle N° 6

Le Jeudi 19 Décembre 1912

à deux heures

COMMISSAIRE-PRISEUR
Me F. LAIR-DUBREUIL
6, rue Favart, 6

EXPERT
M. GEORGES PETIT
8, rue de Sèze, 8

EXPOSITION PUBLIQUE

Le Mercredi 18 Décembre 1912, de 1 h. 1/2 à 6 heures.

Désignation

ANASTASI
(AUGUSTE)

1 — ***Soleil couchant.***

Signé à gauche, en bas, et daté : *1858.*

Panneau. Haut., 26 cent. 1/2 ; larg., 46 cent. 1/2.

ANASTASI
(AUGUSTE)

2 — ***Les Glaneuses.***

Signé à gauche, en bas, et daté : *1857.*

Toile. Haut., 18 cent.; larg., 35 cent.

ANGLADE
(GASTON)

3 — ***Bords de rivière.***

Signé à gauche, en bas : *J.-M.-G. Anglade.*

Toile. Haut., 33 cent.; larg., 55 cent.

ARNOUX

(C.)

4 — *La Lessive.*

Signé à droite, en bas, et daté.

Panneau. Haut., 36 cent.; larg., 28 cent. 1/2.

BAKALOWICZ

(LADISLAS)

5 — *La Dame à la robe verte.*

Signé à gauche, en bas.

Panneau. Haut., 15 cent. 1/2; larg., 11 cent. 1/2.

BARRÉ

(A.)

6 — *Le Repos au bord de l'étang.*

Signé à droite, en bas.

Panneau. Haut., 32 cent.; larg., 55 cent.

BEAUQUESNE

(A.)

7 — *Sergent de chasseurs à pied.*

Signé à gauche, en bas : *Gaubault* (première signature de l'artiste).

Panneau. Haut., 21 cent. 1/2 ; larg., 16 cent.

BEAUQUESNE

(A.)

8 — *Soldat de 1re classe. Infanterie de ligne.*

Signé à gauche, en bas : *Gaubault.*

Panneau. Haut., 21 cent. 1/2 ; larg., 15 cent. 1/2.

BERCHÈRE

(NARCISSE)

9 — *Campement dans le désert.*

Signé à gauche, en bas.

Panneau. Haut., 18 cent. ; larg., 31 cent. 1/2.

BERCHÈRE

(NARCISSE)

10 — *Nomades à la source.*

Signé à gauche, en bas, et daté : *69*.

Toile. Haut., 32 cent. 1/2; larg., 40 cent. 1/2.

BERGERET

(PIERRE-DENIS)

11 — *Le Vase de giroflées.*

Signé à droite, en bas, et daté.

Panneau. Haut., 72 cent. 1/2; larg., 51 cent.

BOURGES

(LÉONIDE)

12 — *L'Oise.*

Signé à gauche, en bas.

Panneau. Haut., 31 cent. 1/2.; larg., 57 cent.

BREST

(FABIUS)

13 — ***Bazar persan, à Constantinople.***

Signé à gauche, en bas.

Toile. Haut., 34 cent.; larg., 49 cent.

BRISSOT

(FÉLIX-SATURNIN)

14 — ***Le Troupeau de moutons.***

C'est l'automne : dans le vallon, le berger, vêtu d'une houppelande grise, la tête coiffée d'un large feutre, mène ses moutons qui s'avancent en broutant. Dans le fond, une allée d'arbres aux branches dépouillées de leurs feuilles. Dans le ciel gris, quelques corbeaux.

Signé à droite, en bas.

Panneau. Haut., 32 cent. ; larg., 23 cent. 1/2.

COCK

(CÉSAR DE)

15 — ***Le Troupeau de vaches sous bois.***

Signé à gauche, en bas, et daté : *1872*.

Toile. Haut., 44 cent.; larg., 63 cent.

COROT

(JEAN-BAPTISTE-CAMILLE)

16 — *Les Ramasseuses de bois.*

A droite, un massif d'arbres, parmi lesquels un bouleau léger met une note claire. Au premier plan, vers le milieu du tableau, deux femmes sont arrêtées : l'une d'elles, un fichu rouge sur les épaules, est debout et tient sous son bras gauche une brassée de bois : l'autre, coiffée d'un bonnet blanc, vêtue d'un corsage gris et d'une jupe jaune, est à moitié courbée. Au fond, on aperçoit la tour d'une église. Dans le ciel, de légers nuages blancs.

Signé à gauche, en bas.

Toile. Haut., 41 cent. 1/2 ; larg., 32 cent. 1/2.

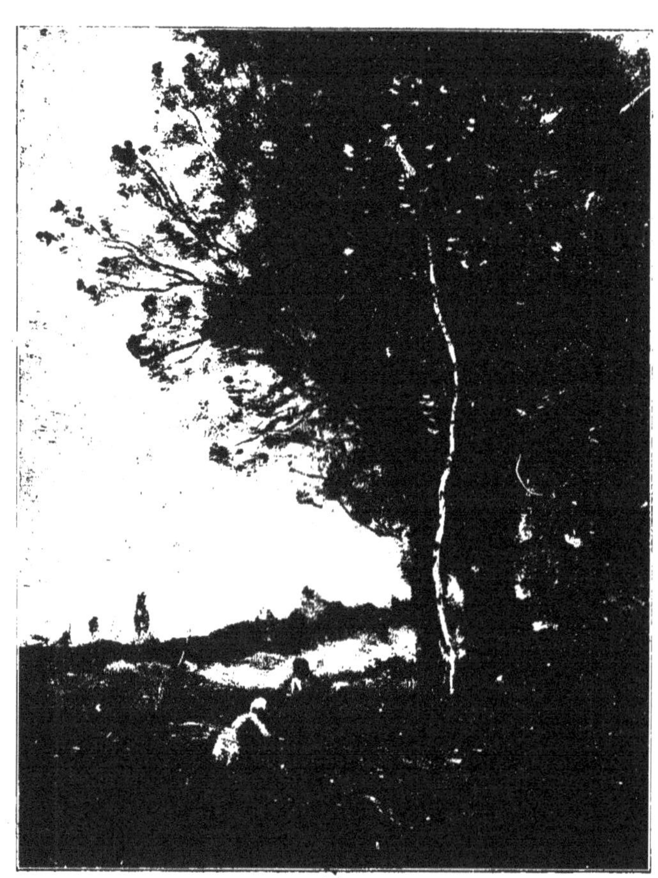

N° 16. — COROT. *Les Ramasseuses de bois.*

COUDER

(JEAN-ALEXANDRE-REMI)

17 — *Nature morte.*

Signé à gauche, en bas, et daté : *1870.*

Panneau. Haut., 21 cent. 1/2 ; larg., 16 cent. 1/2.

COURBET

(GUSTAVE)

18 — *La Neige.*

Dans le ravin la neige est tombée abondamment. Les branches alourdies s'inclinent vers le sol tout blanc. Au fond, la rivière gelée serpente au pied des coteaux. Ciel très clair.

Signé à gauche, en bas, et daté : *68.*

Toile. Haut., 61 cent.; larg., 91 cent.

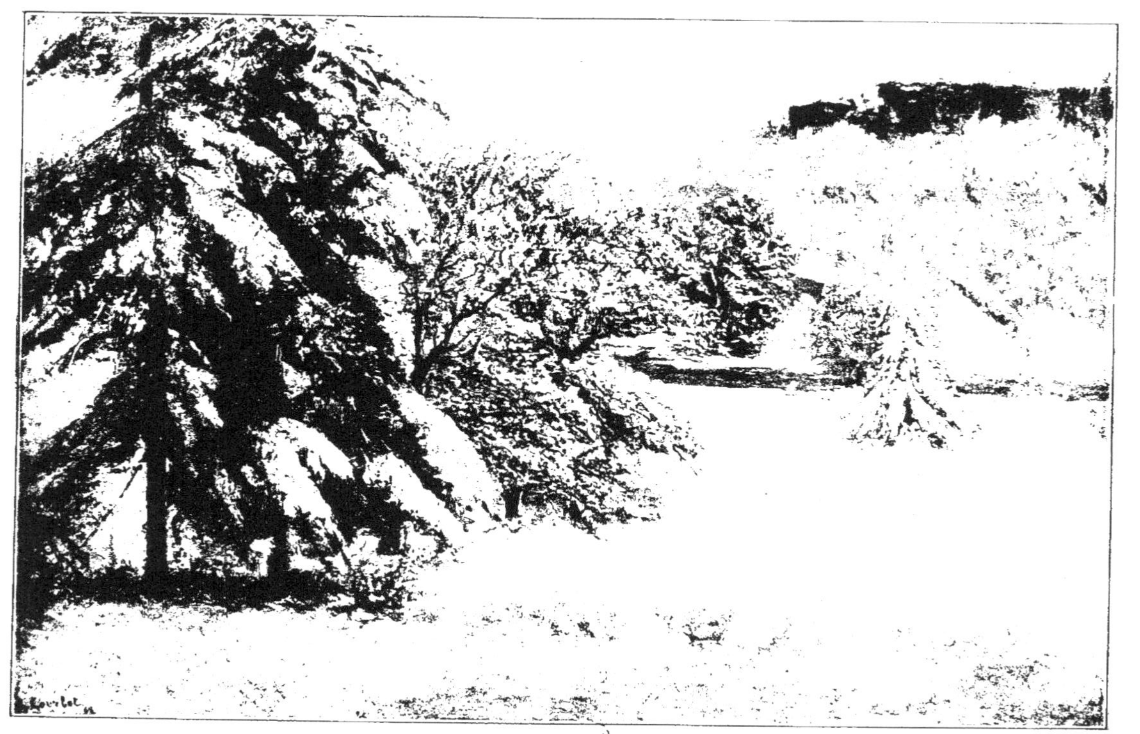

N° 18. — COURBET. *La Neige.*

DEFAUX

(ALEXANDRE)

19 — *La Mare aux canards.*

Signé à droite, en bas.

Panneau. Haut., 17 cent.; larg., 25 cent.

DEFAUX

(ALEXANDRE)

20 — *La Rivière.*

Signé à gauche, en bas.

Toile. Haut., 32 cent. ; larg., 52 cent

DELPY

(HIPPOLYTE-CAMILLE)

21 — *Le Village au bord de la rivière.*

Entre les berges, sur lesquelles les maisonnettes aux toits rouges se serrent les unes contre les autres, la rivière coule tranquille. A gauche, au premier plan, une laveuse est agenouillée dans l'herbe touffue. Dans le ciel, de légers nuages blancs aux contours dorés par les rayons du soleil qui se lève.

Signé à droite, en bas.

Panneau. Haut., 40 cent. 1/2 ; larg., 71 cent.

DIAZ

(NARCISSE-VIRGILE DE LA PENA)

22 — *Femme orientale et son enfant.*

Dans une clairière une femme est assise sur un tertre. Elle est vêtue d'un riche costume, tunique jaune, jupe rose, la tête couverte d'un voile blanc. Elle attire dans ses bras une fillette vêtue d'un corsage rose et d'une jupe bleue, qui se penche vers elle avec un geste câlin. Au fond, la forêt aux frondaisons d'automne.

Signé à gauche, en bas, et daté : *66.*

Panneau. Haut., 44 cent.; larg., 32 cent.

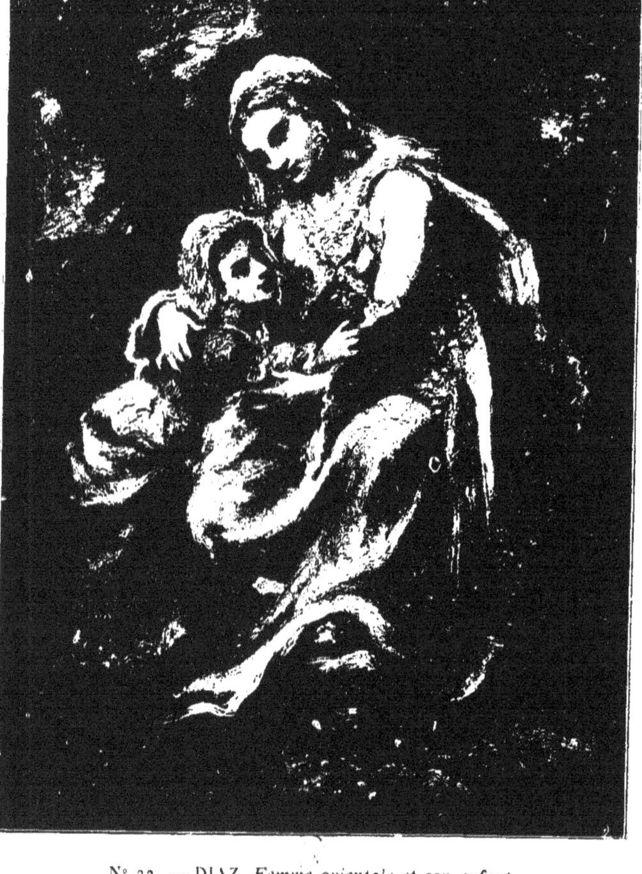

N° 22. — DIAZ. *Femme orientale et son enfant.*

DIAZ

(NARCISSE-VIRGILE DE LA PENA)

23 — *Les Chevaux avant l'orage.*

Les chevaux, sentant l'orage qui approche, se sont rassemblés dans un coin du pré, auprès d'une mare. Leur attitude exprime la crainte. Dans le ciel courent de gros nuages gris.

Signé à gauche, en bas.

Panneau. Haut., 25 cent.; larg., 33 cent.

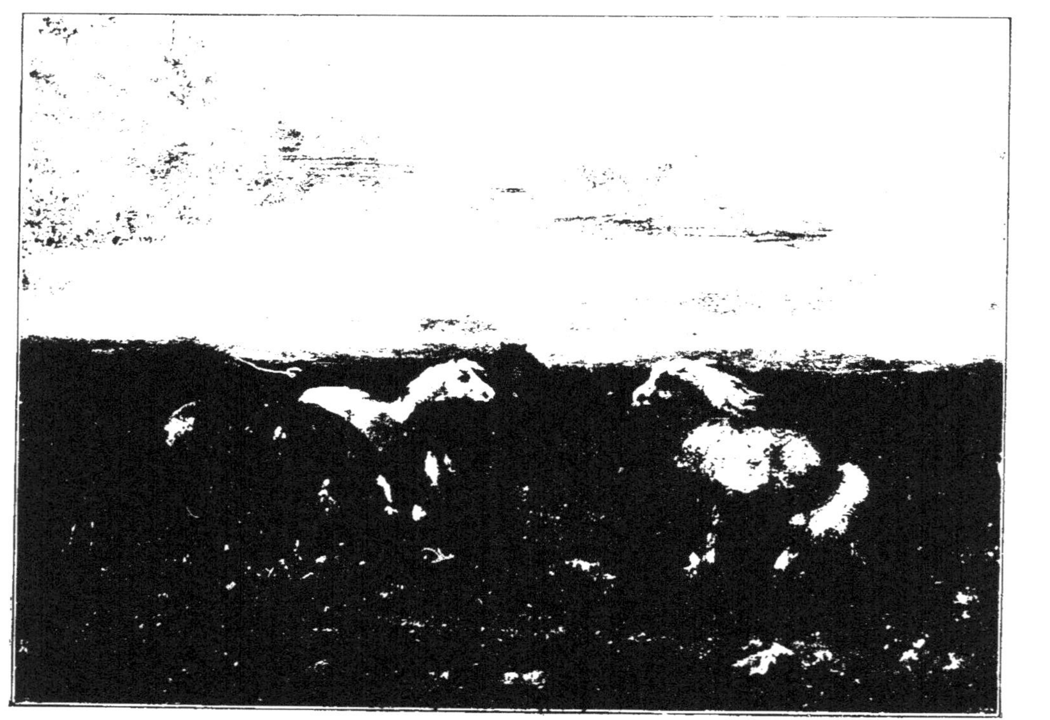

N° 25. — DIAZ. *Les Chevaux avant l'orage.*

DIAZ

(NARCISSE-VIRGILE DE LA PENA)

24 — *La Clairière en forêt.*

A droite et à gauche, les arbres encadrent la clairière toute parsemée de roches et d'arbustes légers. Au premier plan, dans le milieu du tableau, une femme coiffée d'un bonnet blanc, un fichu rouge autour du cou, tient une brassée de bois. Dans le ciel bleu, de légers nuages blancs.

Signé à gauche, en bas.

Panneau. Haut., 33 cent.; larg., 41 cent.

DIAZ

(NARCISSE-VIRGILE DE LA PENA)

25 — *Bouquet de fleurs.*

Signé à gauche, en bas, des initiales : *N. D.*

Toile. Haut., 27 cent ; larg., 21 cent.

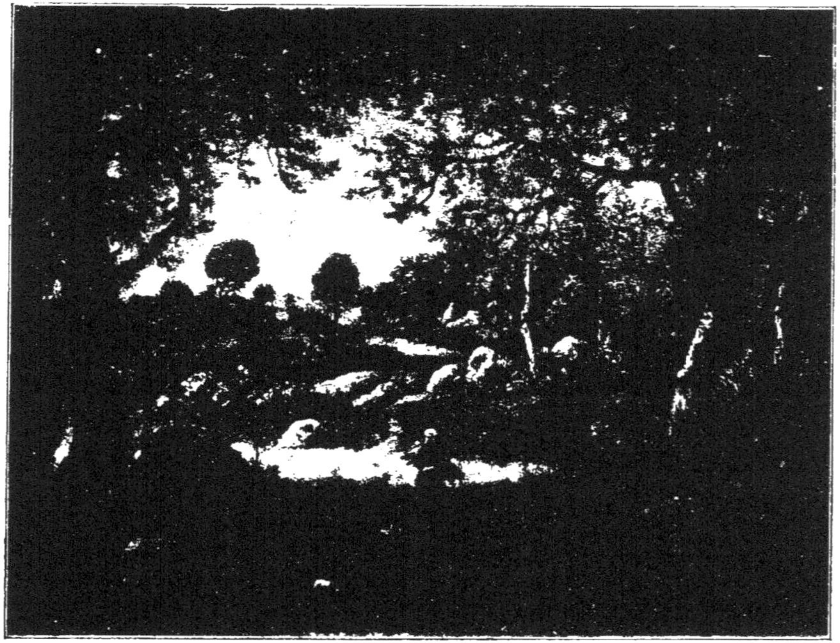

N° 24. — DIAZ. *La Clairière en forêt.*

FRANÇAIS

(FRANÇOIS-LOUIS)

26 — *Idylle en forêt.*

Signé à droite, en bas.

Toile. Haut., 32 cent.; larg., 24 cent.

GIROUX

(ACHILLE)

27 — *Chevaux au pâturage.*

Signé à gauche, en bas.

Panneau. Haut., 17 cent.; larg., 26 cent. 1/2.

GOUPIL

(LÉON-LUCIEN)

28 — *Tête de femme.*

Signé à droite, en haut.

Panneau. Haut., 35 cent ; larg., 26 cent.

GOUPIL

(LÉON-LUCIEN)

29 — ***Tête de vieillard.***

Signé à gauche, en haut.

Panneau. Haut., 33 cent. 1/2 ; larg., 24 cent. 1/2.

GUILLAUMET

(GUSTAVE)

30 — ***Campement dans le désert.***

Signé à gauche, en bas.

Toile. Haut., 17 cent. ; larg., 25 cent.

GUILLAUMET

(GUSTAVE)

31 — ***Montolieu (près Carcassonne).***

Signé à gauche, en bas.

Panneau. Haut., 15 cent. 1/2 ; larg., 24 cent.

Vente Guillaumet, 8 février 1888.

GUILLON

(ADOLPHE)

32 — *Sur les bords de la Méditer-ranée.*

Signé à gauche, en bas.

Toile. Haut., 24 cent.; larg., 32 cent.

HANOTEAU

(HECTOR-CHARLES-AUGUSTE)

33 — *Le Lièvre.*

Signé à gauche, en bas, et daté : *74*.

Toile. Haut., 25 cent.; larg., 32 cent.

HANOTEAU

(HECTOR-CHARLES-AUGUSTE)

34 — *Le Pêcheur au bord de l'étang.*

Signé à droite, en bas, et daté : *1867.*

Toile. Haut., 44 cent.; larg., 70 cent.

ISABEY

(EUGÈNE)

35 — *Pendant l'assaut.*

Monté sur un cheval blanc, les épaules couvertes d'un ample manteau rouge, son feutre dans la main gauche, le mousquetaire se tient debout, immobile, au milieu de la bataille qui gronde autour de lui. A gauche, au premier plan un soldat mort étendu sur le sol. A droite, on aperçoit les rangs serrés des cavaliers dominés par les étendards.

Signé à gauche, en bas, et daté : *70.*

Panneau. Haut., 35 cent.; larg., 26 cent. 1/2.

ISABEY

(EUGÈNE)

36 — *La Rentrée au port.*

Les barques, fuyant l'orage, rentrent au port au moment où la tempête commence à faire rage. Sur les jetées, les vagues déferlent et les phares sont recouverts par l'écume. Les bateaux, dont la voilure a été réduite le plus possible, bondissent sur les lames. Dans le ciel courent de grands nuages noirs.

Signé à gauche, en bas, et daté : *69*.

Toile. Haut., 33 cent. ; larg., 52 cent.

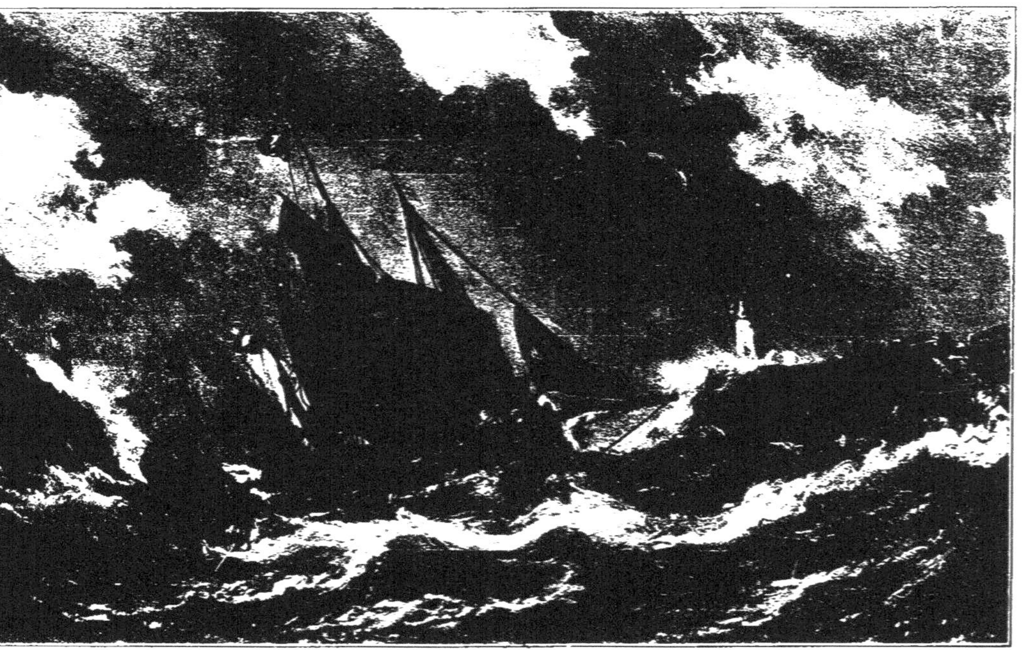

N° 36. — ISABEY. *La Rentrée au port.*

JACQUE

(CHARLES)

37 — *Coin de poulailler.*

Dans un coin du poulailler, picorant dans le fumier, deux coqs et trois poules. A terre, une jarre brisée en terre vernissée verte.

Signé à gauche, en bas.

Panneau. Haut., 13 cent. ; larg., 21 cent.

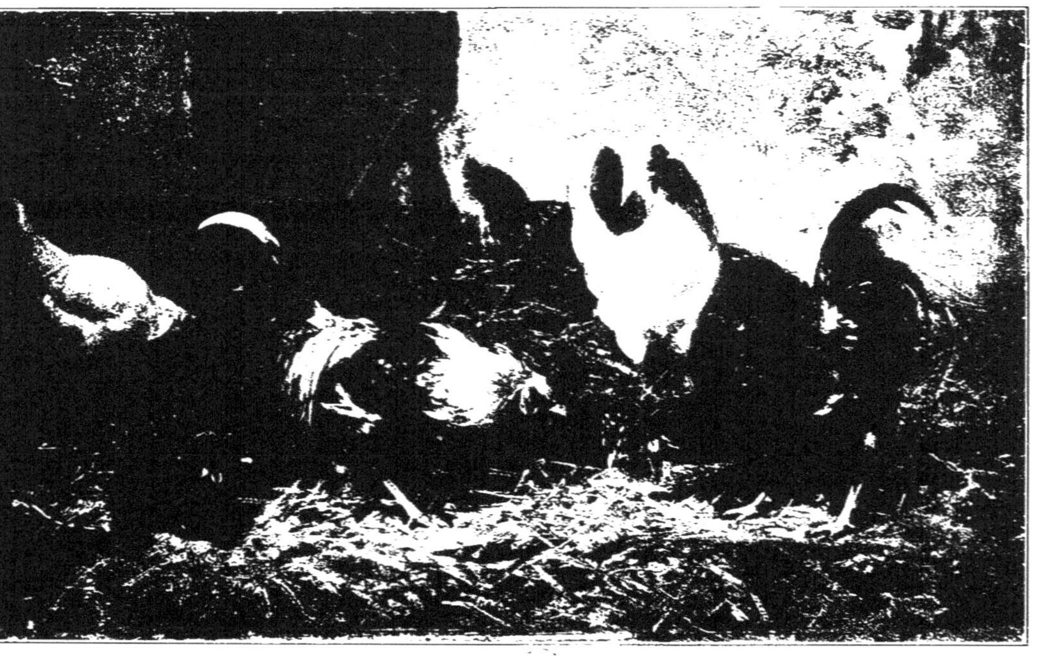

N° 37. — JACQUE (Ch.). *Coin de poulailler.*

JACQUE

(CHARLES)

38 — *Intérieur de bergerie.*

A gauche, la porte, dont la partie supérieure à claire-voie laisse passer le soleil qui vient éclairer la paille garnissant le sol. A droite, au milieu des moutons qui se pressent aux rateliers, le berger, debout, tient une brassée d'herbe qu'il se dispose à répartir dans les claies. Au premier plan, quelques poules picorent autour d'un baquet à moitié caché dans la paille.

Signé à gauche, en bas.

Panneau. Haut., 20 cent. 1/2; larg., 39 cent. 1/2.

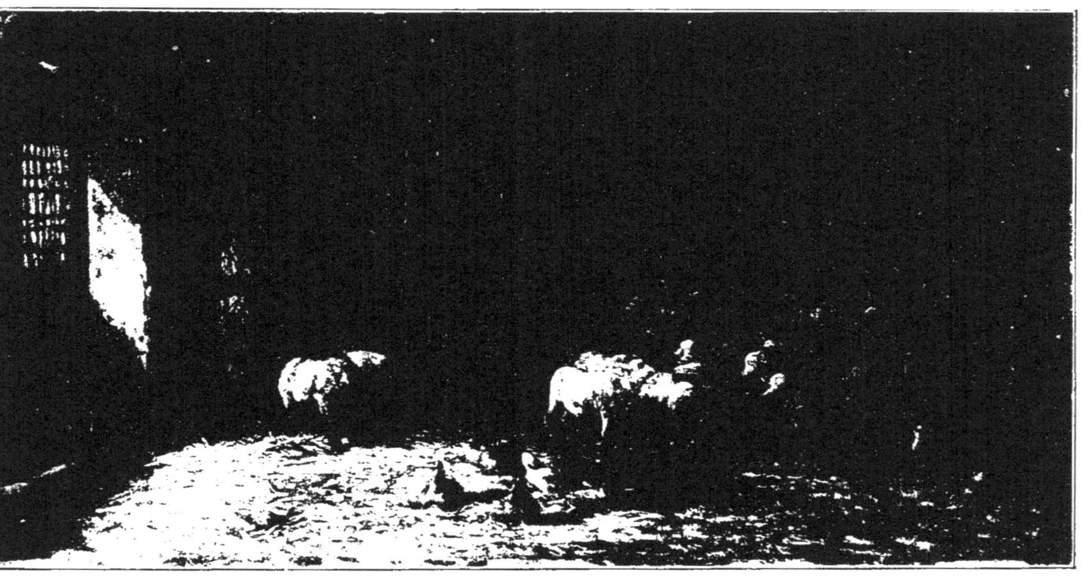

N° 38. — JACQUE (Ch.). *Intérieur de bergerie.*

JACQUE

(CHARLES)

39 — *Le Troupeau à la lisière de la forêt.*

A la lisière de la forêt, le berger a conduit son troupeau de moutons. Tandis que ses bêtes éparses broutent l'herbe épaisse, il les surveille, assis sur un morceau de roche. Dans le ciel courent de gros nuages lourds.

Signé à gauche, en bas.

Panneau. Haut., 17 cent.; larg., 25 cent.

JAPY

(LOUIS)

40 — *La Carrière.*

Signé à gauche, en bas.

Panneau. Haut., 27 cent.; larg., 41 cent.

JAPY

(LOUIS)

41 — *Lever de lune.*

Signé à gauche, en bas, et daté : 72.

Panneau. Haut., 27 cent.; larg., 41 cent.

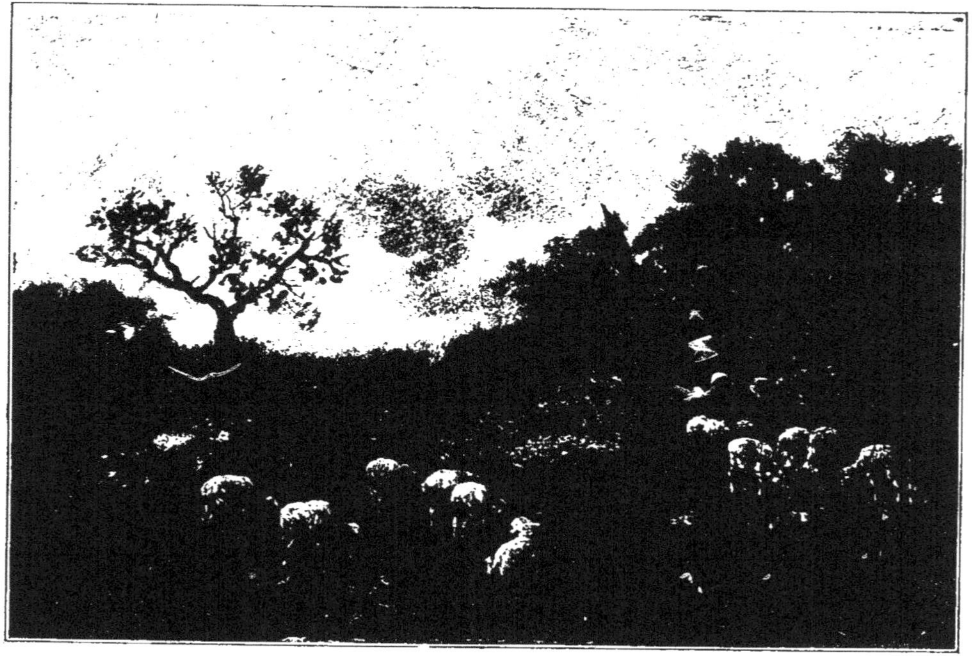

N° 39. — JACQUE (Ch.). *Le Troupeau.*

JUSTIN-OUVRIÉ

42 — *Ville de Hollande.*

Signé à gauche, en bas, et daté.

Panneau. Haut., 27 cent.; larg., 37 cent.

LAFFITTE

(THÉODORE)

43 — *Chiens de chasse.*

Signé à gauche, en bas.

Panneau. Haut., 22 cent. 1/2; larg., 28 cent.

LAMBINET

(ÉMILE)

44 — *Les Blés au bord de la mare.*

Signé à droite, en bas.

Toile. Haut., 23 cent.; larg., 33 cent.

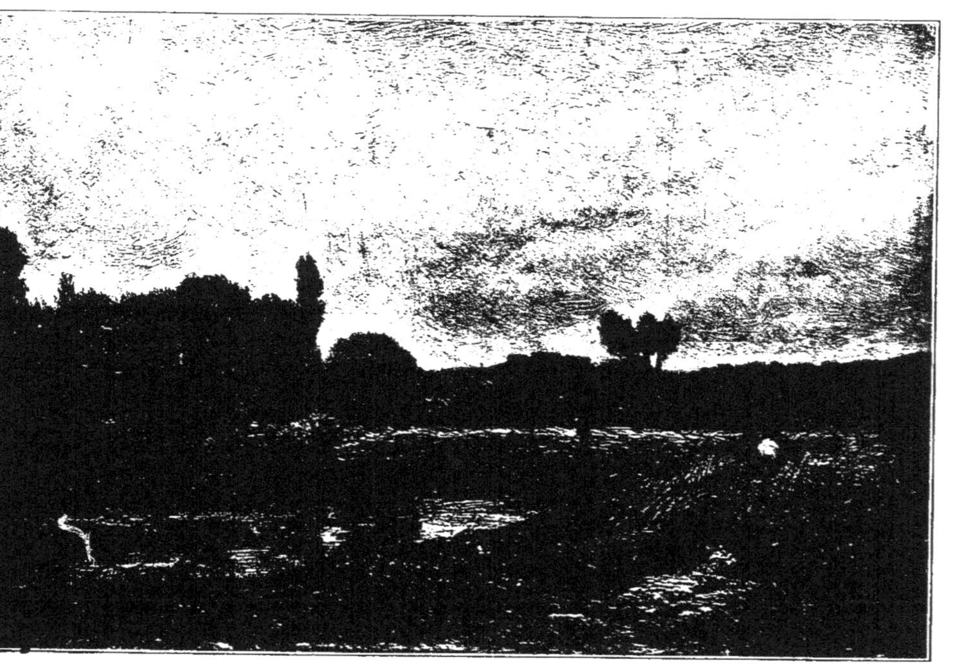

N° 44. — LAMBINET. *Les Blés au bord de la mare.*

LAMBINET

(ÉMILE)

45 — *Les Pêcheurs au bord de l'étang.*

Signé à gauche, en bas.

Panneau. Haut., 25 cent.; larg., 34 cent. 1/2.

LESAINT

46 — *Intérieur de cathédrale.*

Signé vers la gauche, en bas.

Toile. Haut., 21 cent. 1/2; larg., 16 cent.

LE VILLAIN

(ERNEST-AUGUSTE)

47 — *Le Cabestan.*

Signé à gauche, en bas.

Panneau. Haut., 27 cent.; larg., 35 cent.

LÉVY
(HENRI)

48 — *Une Vieille.*

Signé à gauche, en bas.

Toile. Haut., 53 cent.; larg., 34 cent.

LUMINAIS
(EVARISTE-VITAL)

49 — *La Vachère.*

Signé à droite, en bas.

Panneau. Haut., 43 cent.; larg., 32 cent.

PÉCRUS
(CHARLES-FRANÇOIS)

50 — *Le Serin favori.*

Signé à droite, en bas.

Panneau. Haut., 18 cent. 1/2; larg., 13 cent. 1/2.

PELOUSE
(LÉON-GERMAIN)

51 — *Le Ruisseau.*

Signé à droite, en bas.

Toile. Haut., 55 cent.; larg., 46 cent.

PERRET
(AIMÉ)

52 — *Le Gendarme en tournée.*

Signé à droite, en bas.

Toile. Haut., 56 cent.; larg., 46 cent.

RAFFET
(DENIS-AUGUSTE-MARIE)

53 — *Marche de nuit.*

Dans la nuit éclairée par la lune qui disparaît de temps en temps derrière de gros nuages noirs, piétinant dans le terrain détrempé par la pluie, le régiment s'avance en ordre de bataille. A droite, un peu à l'écart, un tambour a rejeté sa caisse sur son épaule et, tout en marchant, cause avec un sous-officier qui s'avance son fusil sous le bras.

Signé à gauche, en bas.

Panneau. Haut., 24 cent. 1/2; larg., 33 cent.

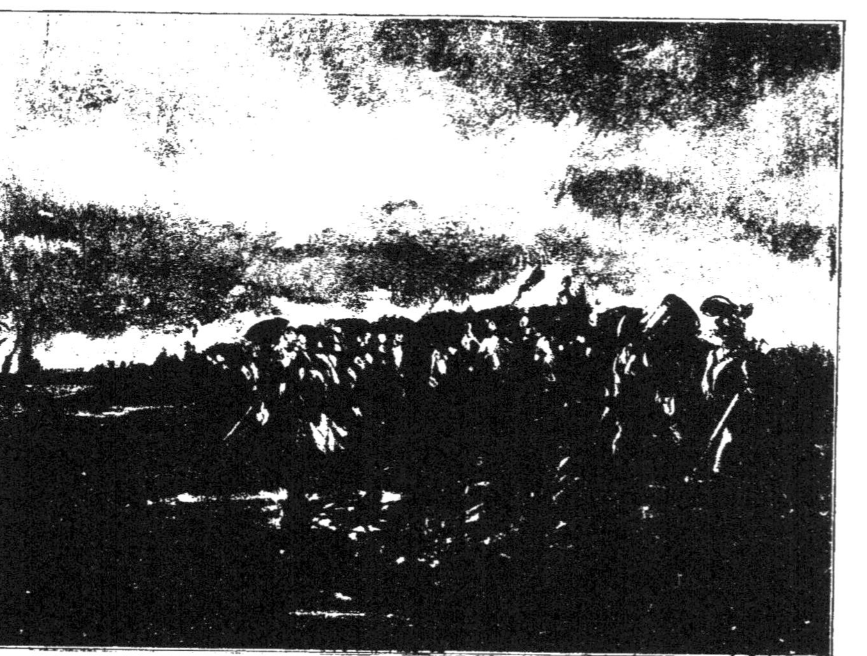

N° 55. — RAFFET. *Marche de nuit*

RICHARD

(ANTOINE)

54 — *Les Oies sauvages.*

Signé à gauche, en bas.

Panneau. Haut., 22 cent.; larg., 16 cent.

RICHET

(LÉON)

55 — *Le Village dans la clairière.*

Signé à gauche, en bas, et daté : 72.

Panneau. Haut., 43 cent.; larg., 61 cent.

ROUSSEAU LUMINAIS

(PHILIPPE) (EVARISTE-VITAL)

DREUX BOUTIBONNE

(ALFRED DE) (CHARLES-ÉDOUARD)

56 — *Dans l'écurie.*

Signé des quatre artistes.

Toile. Haut., 24 cent. 1/2 ; larg., 32 cent. 1/2.

TROUILLEBERT

(PAUL-DÉSIRÉ)

57 — *Le Moulin.*

Signé à gauche, en bas.

Toile. Haut., 31 cent. ; larg., 34 cent.

VAN MARKE

(ÉMILE)

58 — *Chevaux à l'abreuvoir.*

Dans l'eau jusqu'à mi-jambes, deux chevaux, un noir et un blanc, se désaltèrent dans la mare. Sur l'un d'eux est monté un homme vêtu d'une culotte bleue, d'une chemise blanche et coiffé d'une casquette. Au fond, un rideau d'arbres et de buissons. A gauche, au premier plan, quelques canards se dirigeant vers la mare.

Signé à droite, en bas.

Toile. Haut. 22 cent.; larg., 16 cent.

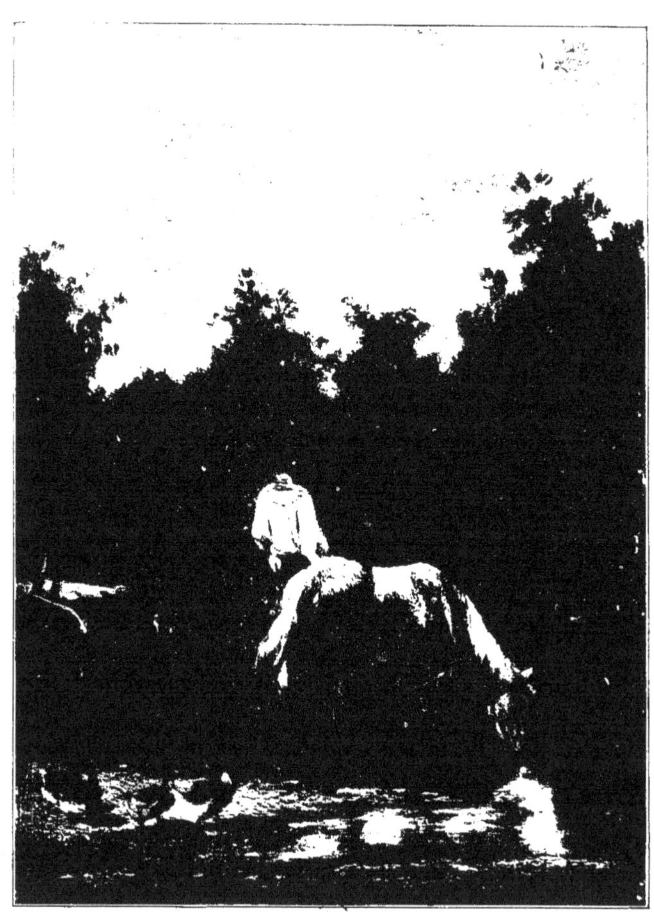

N° 58. — VAN MARKE. *Chevaux à l'abreuvoir.*

VEYRASSAT

(JULES-JACQUES)

59 — *La Ferme.*

A droite, les bâtiments de la ferme. Devant la porte de l'écurie, un valet est en train de panser deux chevaux. Au haut d'un escalier de pierre, la fermière récure une bassinoire. A gauche, un tas de fumier où picorent poules et coq. Dans le fond, par le porche grand ouvert, on aperçoit la rue tout ensoleillée où passe un attelage de bœufs.

Signé à gauche, en bas.

Toile. Haut., 25 cent.; larg., 37 cent.

VINCELET

(VICTOR)

60 — *Vase de fleurs.*

Signé à gauche, en haut, des initiales et daté : 75.

Panneau. Haut., 20 cent. 1/2; larg., 16 cent.

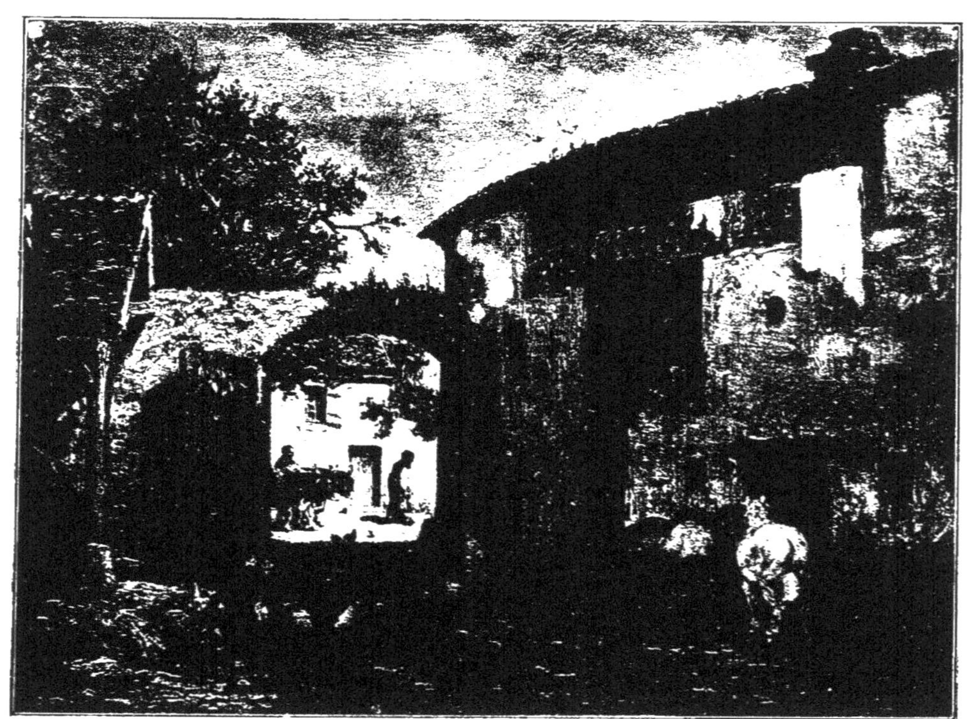

N° 94. — VEYRASSAT. *La Ferme*

WATELIN

(LOUIS-FRANÇOIS-VICTOR)

61 — *Pâturage en Normandie.*

Signé à gauche, en bas, et daté : *75*.

Toile. Haut., 40 cent.; larg., 55 cent.

WATELIN

(LOUIS-FRANÇOIS-VICTOR)

62 — *Le Village au bord de l'étang.*

Signé à droite, en bas, et daté : *73*.

Toile. Haut., 41 cent., larg., 71 cent.

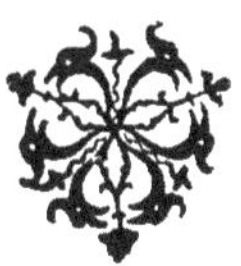

www.ingramcontent.com/pod-product-compliance
Ingram Content Group UK Ltd.
Pitfield, Milton Keynes, MK11 3LW, UK
UKHW021509260726
13993UKWH00004B/1621

9 782329 541679